THICH NHAT HANH

Mit dem *Herzen* verstehen

THICH NHAT HANH

Mit dem *Herzen* verstehen

Aus dem Englischen von
Ursula Richard

NIKOL
VERLAG

Die amerikanische Originalausgabe erschien 1988
unter dem Titel »The Heart of Understanding.
Commentaries on the Prajnaparamita Heart Sutra«
bei Parallax Press, Berkeley, Kalifornien.

Genehmigte Lizenzausgabe für
Nikol Verlagsgesellschaft mbH & Co. KG,
Hamburg, 2017

Satz & Layout: Daniela Schulz, Stockdorf
Titelabbildung: Shutterstock.com
Umschlaggestaltung: André Nikol, Hamburg
Druck: CPI Moravia Books s.r.o.
Printed in the Czech Republic

ISBN: 978-3-86820-373-8

www.nikol-verlag.de

Inhalt

Vorwort

Das Prajnaparamita Herz-Sutra ist die Essenz der buddhistischen Lehre. Es wird täglich in Klöstern oder Laiengemeinschaften überall auf der Welt rezitiert. Thich Nhat Hanhs Kommentare zu diesem Text sind Teil des ununterbrochenen Stroms mündlicher Überlieferung, wie er für den Buddhismus seit der Zeit des Buddha vor 2500 Jahren grundlegend ist. Die Prajnaparamita-Literatur ist um den Beginn unserer Zeitrechnung herum entstanden und ist in den vergangenen 2000 Jahren zunächst in Indien, dann China, Japan, Vietnam, Korea, Tibet und anderen Ländern mit Mahayana-buddhistischer Tradition studiert und dargelegt worden. Seit fast einem Jahrhundert sind diese Lehren auch in westlichen Sprachen verfügbar, und seit mehr als fünfzig Jahren werden sie im Westen von Lehrenden der tibetischen und der Zen-Tradition zumeist im Kontext von Unterweisungen zur Meditationspraxis gelehrt. Doch es hat sich gezeigt, dass sie für Menschen aus unserem Kulturkreis nicht leicht zu verstehen sind.

Im Frühjahr 1987 hielt der vietnamesische Zen-Meister, Dichter und Friedensaktivist Thich Nhat Hanh in Kalifornien, im Nordwest-Pazifik, in Colorado, Neuengland und New York eine Reihe von Vorträgen und bot Retreats an. Er ermutigte seine amerikanische Zuhörerschaft, ihn bei dem Experiment zu begleiten, etwas zu entdecken, was er »das wahre Gesicht eines amerikanischen Buddhismus« nannte, einen Buddhismus, der nicht »fremdartig« ist, sondern der Tiefe unseres Verstehens entspringt. »Es gibt nicht nur einen Buddhismus, seine Lehren sind vielfältig. Wenn der Buddhismus neu in ein Land kommt, so wird dieses Land immer eine neue Form des Buddhismus entwickeln ... Die Lehre des Buddhismus dieses Landes wird sich von der in anderen Ländern unterscheiden. Der Buddhismus muss sich, um Buddhismus zu sein, der Psychologie und Kultur der jeweiligen Gesellschaft anpassen.«

Um unser Verstehen zu vertiefen und uns bei unserer Erforschung zu helfen, bot Thay (ein informeller Titel für »Lehrer«) verschiedene Vorträge über das Prajnaparamita Herz-Sutra an. Einige davon waren öffentliche Vorträge vor sieben- oder achthundert Zuhörern, andere wurden während der Retreats vor fünfzig oder sechzig Menschen gehalten.

Bei einem Retreat in Ojai in Kalifornien saßen Künstler und Meditierende unter einer großen Eiche am Fuße der Los Padres-Berge beisammen.

Thays sanfte, dennoch eindringliche Stimme wurde vom frühmorgendlichen Gesang der Vögel sowie dem leisen Geräusch des warmen, leichten Windes begleitet. Seine Vorträge über das Herz-Sutra waren ungemein verständlich und brachten neues Leben in diese alten Lehren.

Dieses Buch ist eine Zusammenstellung mehrerer dieser Vorträge; mehrere Ströme, die zusammenfließen, um einen einzigen zu bilden.

Während der Retreats ermutigte Thay die Teilnehmenden immer wieder, still zu werden und den alltäglichen Aktivitäten Aufmerksamkeit zu schenken, sei es essen, einen Buddha zeichnen oder einfach nur ruhig gehen und dabei bewusst den Kontakt zwischen den Füßen und der uns tragenden Erde spüren. Um diese Art der Achtsamkeit zu unterstützen, ließ ein »Glockenmeister« regelmäßig eine große Glocke erklingen, und alle unterbrachen ihre jeweilige Aktivität, atmeten dreimal ein und aus und rezitierten: »Höre, höre, dieser wunderbare Klang bringt mich zurück zu meinem wahren Selbst.«

»Eine Glocke ist eine Bodhisattva«, sagte Thay. »Sie hilft uns zu erwachen.« In diesem Bewusstsein legten wir, sobald die Glocke eingeladen wurde zu erklingen, unsere Gartengerätschaften, unsere Hämmer, Malpinsel oder Kugelschreiber beiseite und kehrten für einen Augenblick zu uns selbst zurück. Wir atmeten mit natürlicher Heiterkeit, lächelten uns selbst und allem um uns herum entspannt zu –

den Menschen, den Bäumen, einer Blume, dem Kind, das voller Vergnügen herumtollte, selbst unseren Sorgen und manchmal auch unserem Schmerz lächelten wir zu. Wir lauschten dabei dem Klang der Glocke und wurden eins mit ihm. Es ist wahrhaft bemerkenswert, wie tief eine Glocke in einem Menschen erklingen kann. Nach dieser kurzen Pause nahmen wir unsere Aktivitäten wieder auf, mit neuer Energie, vielleicht etwas aufmerksamer, etwas bewusster als zuvor.

Nicht nur eine Glocke kann eine Bodhisattva sein. Alles kann uns helfen, zu erwachen und uns dem gegenwärtigen Moment zu öffnen. »Buddhismus ist ein geschickter Weg, das Leben zu genießen«, sagt Thay. In diesem Sinne schlage ich vor, dass Sie dieses Buch so lesen, als lauschten Sie einer Glocke. Unterbrechen Sie für einen Moment Ihre Geschäftigkeit, sowohl physischer als auch geistiger Art, setzen Sie sich bequem hin und lassen Sie die Worte dieses wundervollen Lehrers tief in sich erklingen. Ich bin sicher, Sie werden die Glocke der Achtsamkeit viele Male hören können, wenn Sie sich und dieses Buch in dieser Weise zusammenbringen. Erklingt diese Glocke, legen Sie das Buch für einen Augenblick beiseite und lauschen Sie dem Klang, der in Ihren Tiefen widerhallt. Vielleicht wird Ihr Atem ruhiger, und Sie lächeln. Das erscheint vielleicht zunächst schwierig, und für viele von uns war es das auch am Anfang, doch kann ich immer noch Thays ermutigende Worte hören: »Ihr könnt es!« In dieser Weise werden sich die Tiefe und Fülle Ihres Herzens und die des Herz-Sutra sehr nahekommen. Vielleicht berühren sie sich sogar.

Der Kern der Lehren, die in diesem Buch versammelt sind, ist Intimität, Vertrautsein. Im dreizehnten Jahrhundert lehrte Zenmeister Eihei Dogen, dass Erleuchtung Vertrautsein mit allen Dingen ist. Thich Nhat Hanh sagt das Gleiche. Wenn wir das wahre Herz des Verstehens in uns entstehen lassen, dann ist solches Vertrautsein nicht nur möglich, sondern der spontane Ausdruck dessen, was wir und alle Dinge wirklich sind. Wird unser Leben durch solches Sich-Vertrautmachen geleitet, dann nähren wir die Samen des Mitgefühls in uns wie in anderen gleichermaßen. Der Frieden zwischen Partnern, Nachbarn, Nationen – ja, sogar der Frieden in uns – scheint manchmal ein unmöglicher Traum zu sein, doch wenn wir tief in das Herz der Lehren, die uns Thich Nhat Hanh hier anbietet, schauen, können wir Möglichkeiten finden, diesen Frieden tatsächlich zu verwirklichen. Frieden in unserer Welt ist nicht weit davon entfernt.

Peter Levitt
Salt Spring Island
British Columbia
Juni 2009

Das Herz der Vollkommenen Weisheit

Der Bodhisattva Avalokiteshvara,
tief im Strom vollkommenen Verstehens,
erhellte die fünf Skandhas
und fand sie gleichermaßen leer.
Dies durchdringend, überwand er alles Leiden.

Höre, Shariputra,
Form ist Leerheit, Leerheit ist Form,
Form ist nichts anderes als Leerheit,
Leerheit ist nichts anderes als Form.
Dasselbe gilt für Empfindungen,
Wahrnehmungen, geistige Formkräfte und Bewusstsein.

Höre, Shariputra,
alle Dharmas sind durch Leerheit gekennzeichnet.
Weder entstehen sie, noch vergehen sie,

sie sind weder rein noch unrein,
weder werden sie größer, noch werden sie kleiner.
Daher gibt es in der Leerheit weder Form
noch Empfindung, noch Wahrnehmung,
noch geistige Formkraft, noch Bewusstsein;
kein Auge, kein Ohr, keine Nase, keine Zunge,
keinen Körper, keinen Geist;
keine Form, keinen Klang,
keinen Geruch, keinen Geschmack,
kein Berührbares, kein Objekt des Geistes;
keinen Bereich der Elemente
(von den Augen bis zum Geist-Bewusstsein);
kein bedingtes Entstehen
und kein Erlöschen des bedingten Entstehens
(von Unwissenheit bis zu Alter und Tod);
kein Leiden, keinen Ursprung des Leidens,
kein Ende des Leidens und keinen Weg;
kein Verstehen, kein Erlangen.

Weil es kein Erlangen gibt, finden die Bodhisattvas,
in vollkommenem Verstehen ruhend,
keine Hindernisse in ihrem Geist.
Keine Hindernisse erlebend, überwinden sie die Angst,
befreien sich selbst für immer von Täuschung
und verwirklichen vollkommenes Nirvana.
Alle Buddhas der Vergangenheit,
Gegenwart und Zukunft

erlangen dank dieses vollkommenen Verstehens
volle, wahre und universale Erleuchtung.

Daher sollte man wissen, dass vollkommenes Verstehen
das höchste Mantra ist, das Mantra ohnegleichen,
das alles Leiden aufhebt, die unzerstörbare Wahrheit.
Das Mantra der Prajnaparamita
sollte daher verkündet werden.
Dies ist das Mantra:

Gate gate paragate
parasamgate
bodhi svaha.

Das ganze Universum in einem Stück Papier

Seht ihr die Wolke, die in diesem Stück Papier schwebt? Wenn ihr genau hinschaut, könnt ihr sie sehen. Ohne die Wolke gibt es keinen Regen; ohne Regen können die Bäume nicht wachsen, und ohne Bäume können wir kein Papier herstellen.

Für die Existenz des Papiers ist die Wolke unverzichtbar. Wenn die Wolke nicht ist, kann auch das Stück Papier nicht sein. Wir können also sagen, dass die Wolke und das Papier sich gegenseitig bedingen und durchdringen, dass sie »inter-sind«.

Untersuchen wir dieses Stück Papier näher, so können wir auch den Sonnenschein darin sehen. Gibt es keinen Sonnenschein, kann der Wald nicht wachsen und alles andere auch nicht. Daher wissen wir, dass auch der Sonnenschein in diesem Papier ist und dass beide sich wechselseitig bedingen und durchdringen. Schauen wir noch genauer hin, so sehen wir auch den Holzfäller, der den Baum fällt und ihn zur Mühle bringt, damit aus dem Baum Papier werden kann. Und wir sehen den Weizen. Uns ist klar, dass der Holzfäller ohne sein tägliches Brot nicht leben kann, und daher ist auch der Weizen, aus dem sein Brot gebacken wird, in diesem Stück Papier enthalten – genauso wie Mutter und Vater des Holzfällers.

Betrachten wir das Stück Papier auf diese Weise, so erkennen wir, dass es ohne all diese Dinge überhaupt nicht existieren kann. Schauen wir noch genauer hin, so sehen wir auch uns selbst darin. Das ist gar nicht so schwer zu verstehen, denn wenn wir ein Stück Papier betrachten, so wird es ja Teil unserer Wahrnehmung. Euer Geist befindet sich genauso darin wie meiner. So können wir schließlich sagen, dass alles in diesem Stück Papier enthalten ist. Nichts gibt es, das nicht darin ist – Zeit, Raum, die Erde, der Regen, die Mineralien, der Sonnenschein, die Wolke, der Fluss, die Hitze. Alles existiert gleichzeitig in diesem Stück Papier. Das Stück Papier ist, weil alles andere ist.

Angenommen, wir versuchen, eines der Elemente wegzunehmen und zu seinem Ursprung zurückzubringen – zum Beispiel den Sonnenschein zurück zur Sonne. Glaubt ihr, dass die Existenz des Stück Papiers dann noch möglich ist? Nein, denn ohne Sonnenschein kann nichts sein. Und bringen wir den Holzfäller zurück zu seiner Mutter, so haben wir ebenfalls kein Stück Papier mehr. Tatsächlich besteht dieses Stück Papier nur aus »Nicht-Papier-Elementen«. Und wenn wir diese Nicht-Papier-Elemente zurück zu ihren Ursprüngen bringen, dann gibt es überhaupt kein Papier mehr. Ohne Nicht-Papier-Elemente wie Geist, Holzfäller, Sonnenschein und so weiter ist kein Papier möglich. So dünn dieses Stück Papier auch sein mag, es enthält das ganze Universum in sich.

Doch das Herz-Sutra scheint das Gegenteil zu sagen. Avalokiteshvara erklärt uns, dass die Dinge leer sind. Lasst uns also genauer hinsehen.

Leer sein bedeutet erfüllt sein von allem

Der Bodhisattva Avalokiteshvara, tief im Strom vollkommenen Verstehens, erhellte die fünf Skandhas und fand sie gleichermaßen leer.

Bodhi bedeutet »erwacht sein«, und sattva heißt »Lebewesen«; Bodhisattva bezeichnet also ein erwachtes Lebewesen. Wir alle sind manchmal Bodhisattvas und manchmal nicht. Der Name des Bodhisattvas oder der Bodhisattva in diesem Ṣutra ist Avalokiteshvara; manchmal wird er/sie auch als Avalokita bezeichnet.

Im Chinesischen lautet sein/ihr Name Kwan Yin, im Vietnamesischen Quan Am und im Japanischen Kannon. Diese Namen bezeichnen jemanden, der das Weinen in der Welt erhört und den Wesen zu Hilfe eilt. Viele Buddhisten des Ostens beten zu ihm oder ihr und rufen seinen/ihren Namen an. In manchen Regionen wird Avalokita in männlicher, in anderen in weiblicher Gestalt verehrt. Das Prajnaparamita Herz-Sutra ist das wunderbare Geschenk Bodhisattva Avalokiteshvaras an uns; es ist das Geschenk der Nicht-Angst, denn er/sie hat selbst die Angst transzendiert.

Prajnaparamita bedeutet Vollkommenes Verstehen. Meist wird *prajna* mit »Weisheit« übersetzt, aber ich denke, dass Weisheit nicht genau die Bedeutung trifft. Verstehen ist wie das Wasser, das in einem Fluss strömt. Weisheit und Wissen sind dagegen eher fest und können den Fluss unseres Verstehens hemmen. Im Buddhismus wird Wissen sogar als ein Hindernis für das Verstehen angesehen. Wenn wir etwas für wahr halten, so klammern wir uns oft zu sehr daran; selbst wenn die Wahrheit an unsere Türe klopfen würde, könnte es passieren, dass wir sie draußen vor der Tür stehenlassen. Wir müssen die Fähigkeit entwickeln, über unser bisher gesammeltes Wissen hinauszugelangen, so wie wenn wir eine Leiter hinaufsteigen.

Wenn wir uns erst auf der fünften Sprosse befinden und meinen, wir seien schon weit oben, dann werden wir kaum die sechste Sprosse erklimmen. Wir müssen deshalb lernen, unsere eigenen Sichtweisen hinter uns zu lassen. Wirkliches Verstehen kann, so wie das Wasser, fließen und alles durchdringen. Ansichten, Wissen und Weisheit hingegen sind fest und können den Fluss des Verstehens hemmen.

Avalokiteshvara sagt, dieses Stück Papier sei leer,

doch hat unsere Analyse ergeben, dass es erfüllt ist von allem. Es scheint also einen Widerspruch zu geben zwischen seiner/ihrer und unserer Beobachtung. Avalokita erkannte, dass die fünf Skandhas leer sind. Doch leer von was? Das Schlüsselwort ist leer. Leer sein bedeutet leer von etwas sein. Wenn ich eine Schale mit Wasser habe und euch frage: »Ist diese Schale leer?«, so werdet ihr sagen: »Nein, sie ist voll mit Wasser.« Aber wenn ich das Wasser ausschütte und euch erneut frage, werdet ihr vermutlich sagen: »Ja, sie ist leer.« Aber leer von was? Leer bedeutet leer von etwas. Die Schale kann nicht leer von nichts sein. »Leer« muss also, um überhaupt etwas zu bedeuten, erläutert, definiert werden: leer von was? Meine Schale ist leer von Wasser, aber sie ist nicht leer von Luft.

Leer sein bedeutet leer sein von etwas. Das ist eine spannende Entdeckung. Avalokita sagt, dass die fünf Skandhas gleichermaßen leer sind. Wir müssen ihm/ihr also helfen, präzise zu sein, indem wir fragen: »Verehrte/r Avalokita, von was sind sie leer?«

Die fünf Skandhas (wörtlich übersetzt kann man sie als fünf Anhäufungen oder fünf Aggregate bezeichnen) sind die fünf Elemente, die ein menschliches Wesen bilden.

Diese fünf Elemente fließen wie ein Strom in uns allen; eigentlich sind es eher fünf Ströme, die vereint in uns fließen. Es gibt den Strom der Form (unser Körper), den Strom der Empfindungen, den Strom der Wahrnehmungen, den Strom der geistigen Formkräfte und den Strom des Bewusstseins. Sie durchströmen uns unablässig. Als Avalokita das Wesen dieser fünf Ströme ergründete, sah er/sie plötzlich, dass alle fünf leer sind. Wenn wir fragen: »Leer von was?«, so erhalten wir als Antwort: »Sie sind leer von einem eigenständigen, unabhängigen Selbst.«

Das bedeutet, keiner dieser fünf Ströme kann aus sich selbst heraus existieren. Jeder muss aus den vier anderen Strömen bestehen. Sie existieren nur gleichzeitig, und sie bedingen und durchdringen sich wechselseitig.

Unser Körper besteht aus Blut, Lunge, Herz, Nieren, Magen und so weiter, und keines dieser Elemente kann unabhängig existieren. Jedes besteht nur in Gleichzeitigkeit mit den anderen. Lunge und Blut sind zwei Dinge, doch können sie nicht getrennt voneinander existieren. Die Lungen nehmen die Luft auf und reichern das Blut an, und umgekehrt nährt das Blut die Lunge. Ohne Blut kann die Lunge nicht tätig sein, und ohne Lunge kann das Blut nicht gereinigt werden. Lunge und Blut durchdringen und bedingen sich gegenseitig. Das Gleiche gilt für Nieren und Blut, Nieren und Magen, Lunge und Herz, Blut und Herz und so weiter.

Avalokita sagt, dass unser Stück Papier leer sei, und meint damit, es ist leer von eigenständiger Existenz. Es kann nicht aus sich selbst heraus sein. Es existiert nur durch die wechselseitige Durchdringung mit dem Sonnenschein, der Wolke, dem Wald, dem Holzfäller, dem Geist und allem anderen. Es ist ohne eigenständiges Selbst. Doch leer von einem eigenständigen Selbst zu sein bedeutet, erfüllt zu sein von allem. So scheinen sich unsere Beobachtung und die Avalokitas keineswegs zu widersprechen.

Avalokita durchschaute die fünf Skandhas der Form, der Empfindungen, der Wahrnehmungen, der geistigen Formkräfte und des Bewusstseins, und er/sie entdeckte, dass keines von ihnen nur aus sich selbst heraus existieren kann. Sie bedingen und durchdringen einander. Also sagt er/sie uns, dass Form leer ist. Form ist leer von einem eigenständigen Selbst, aber sie ist erfüllt von allen Phänomenen des Kosmos. Das gilt ebenso für die Empfindungen, die Wahrnehmungen, die geistigen Formkräfte und das Bewusstsein.

Lieben heisst wirklich verstehen

Dies durchdringend,
überwand er alles Leiden.

Etwas zu durchdringen bedeutet, sich in etwas hineinzubegeben, nicht außerhalb davon zu bleiben. Wenn wir etwas verstehen wollen, sollten wir es nicht nur beobachten. Wir sollten tief hineintauchen und eins werden damit, um es wirklich zu verstehen. Wollen wir einen Menschen verstehen, so müssen wir seine Gefühle fühlen, sein Leiden leiden und seine Freude genießen. Durchdringen ist ein ausgezeichnetes Wort, diesen Vorgang zu beschreiben.

In der englischen Sprache gibt es das Verb »to comprehend«, »begreifen«. Es wurde abgeleitet aus der lateinischen Vorsilbe »cum«, »eins sein mit«, und dem Infinitiv »prehendere«, »aufnehmen« oder »ergreifen«.

Begreifen wir etwas, bedeutet das also, dass wir dieses Etwas ergreifen und mit ihm eins werden.

Einen anderen Weg gibt es nicht, wollen wir etwas wirklich verstehen. Betrachten wir das Stück Papier lediglich als Beobachter von außen, können wir es gar nicht vollständig erfassen. Wir müssen es durchdringen, müssen wirklich die Wolke sein, der Sonnenschein sein, der Holzfäller sein. Gelingt uns das, und wir sind tatsächlich alles, was in ihm ist, dann erst wird unser Verstehen des Stück Papiers vollkommen sein.

Es gibt eine alte Geschichte über ein Salzkorn, das wissen wollte, wie salzig das Meer eigentlich ist. Um dies in Erfahrung zu bringen, sprang es ins Meer und wurde eins mit dem Wasser. Auf diese Weise erlangte das kleine Salzkorn vollkommenes Verstehen.

Wenn Menschen sich um Frieden bemühen und dasjenige Land, mit dem es Krieg oder Konflikte gibt, verstehen wollen, dürfen sie dieses Land, diesen Staat nicht nur von außen betrachten. Es muss uns gelingen, eins zu werden mit den Menschen des Landes, mit den Sorgen der Bürger, um deren Empfindungen, Wahrnehmungen, geistige Formkräfte und Bewusstsein zu verstehen. Wir müssen eins werden mit den anderen, um sie wirklich zu begreifen. Das ist buddhistische Meditation – etwas durchdringen, mit ihm eins sein, um wirkliches Verstehen zu erlangen. Jede sinnvolle Friedensaktivität muss das Prinzip der Nicht-Dualität, das Prinzip wirklichen Begreifens beachten und verwirklichen.

Im Satipatthana-Sutra, dem Sutra der Vier Verankerungen der Achtsamkeit, empfiehlt uns der Buddha, »all-durchdringend wahrzunehmen«. Er sagt, wir sollen im Körper verweilend den Körper betrachten, in den Empfindungen verweilend die Empfindungen betrachten und in den geistigen Formkräften verweilend die geistigen Formkräfte betrachten. Warum diese Art der Wiederholung? Der Buddha will damit deutlich machen, dass wir uns in das, was wir beobachten und verstehen möchten, hineinbegeben, damit eins werden müssen.

Ähnlich äußern sich heutzutage die Atomwissenschaftler. Wenn man die Welt der Elementarteilchen erforscht, muss man zu einem Teil von ihnen werden, um ihr Wesen zu verstehen. Es genügt nicht, sie nur von außen zu beobachten. Daher sehen sich heutzutage viele Wissenschaftler eher als »Teilnehmende« statt als »Beobachtende«.

Auch im zwischenmenschlichen Bereich sollten wir diese Form der »Teilnahme« ausprobieren, um uns gegenseitig zu verstehen. So sollten Partner in Beziehungen förmlich in die Haut der jeweils anderen Person schlüpfen, um deren Gefühlslage zu erfassen; anders können sie schwerlich wirkliches Verständnis füreinander entwickeln.

Im Licht buddhistischer Meditation ist Liebe ohne Verstehen unmöglich. Ihr könnt niemanden lieben, wenn ihr sie oder ihn nicht begreift. Wenn ihr jemanden liebt, aber nicht versteht, so kann man das nicht wirklich Liebe nennen, das ist etwas anderes. In seiner/ihrer Meditation drang Avalokita tief in die fünf Skandhas ein. Eintauchend in den Strom der Form, der Empfindungen, der Wahrnehmungen, der geistigen Formkräfte und des Bewusstseins, entdeckte er/sie deren leere Natur, und plötzlich überwand er/sie alles Leiden.

Wollen wir diese Art der Befreiung erlangen, so müssen auch wir auf diese Weise die Menschen und Dinge betrachten, um die wahre Natur der Leerheit zu durchdringen.

Nichts ist unmöglich – dank Leerheit

Höre, Shariputra, Form ist Leerheit, Leerheit ist Form, Form ist nichts anderes als Leerheit, Leerheit ist nichts anderes als Form. Dasselbe gilt für Empfindungen, Wahrnehmungen, geistige Formkräfte und Bewusstsein.

Form ist die Welle, und Leerheit ist das Wasser. Diese Vorstellung hilft euch vielleicht, Leerheit zu verstehen. Die indische Kultur bedient sich einer Bildersprache, die uns zeitweise irritiert; es ist aber gut, sich mit dieser Ausdrucksweise vertraut zu machen, um sie wirklich zu verstehen. Wenn wir im Westen einen Kreis zeichnen, so symbolisiert er für uns die Null, das Nichts. In Indien hingegen symbolisiert ein Kreis Ganzheit, Totalität – also das Gegenteil.

»Form ist Leerheit, Leerheit ist Form.« Auf unsere Vorstellungen übertragen bedeutet das: Welle ist Wasser, Wasser ist Welle. »Form ist nichts anderes als Leerheit, Leerheit ist nichts anderes als Form.

Dasselbe gilt für Empfindungen, Wahrnehmungen, geistige Formkräfte und Bewusstsein«, denn diese fünf Skandhas enthalten einander jeweils. Weil ein Skandha existiert, existieren alle.

In der vietnamesischen Literatur gibt es vier Zeilen im Gedicht eines Zen-Meisters der Ly-Dynastie (zwölftes Jahrhundert), die lauten:

Wenn es existiert,
dann existiert ein einziges Staubkorn.
Wenn es nicht existiert,
dann existiert der gesamte Kosmos nicht.

Der Zen-Meister drückt damit aus, dass die Vorstellungen von Existenz und Nicht-Existenz lediglich durch unseren Geist geschaffen werden. Er sagt auch: »Der gesamte Kosmos kann auf einer Haarspitze Platz finden, und Sonne und Mond können in einem Senfkorn erblickt werden.«

Solche Bilder machen uns deutlich, dass eins alles enthält und alles nur eins ist. Ihr kennt sicher die Vorstellung der modernen Naturwissenschaft, dass nicht nur Materie und Energie eins sind, sondern auch Materie und Raum. Und nicht nur Materie und Raum sind eins, sondern Materie, Raum und Geist sind eins, denn der Geist ist darin enthalten.

Weil Form Leerheit ist, ist Form überhaupt möglich. In der Form finden wir alles andere – Empfindungen, Wahrnehmungen, geistige Formkräfte und Bewusstsein. Leerheit bedeutet, leer von einem eigenständigen Selbst zu sein; es bedeutet, voll von allem, erfüllt von Leben zu sein. Das Wort »Leerheit« sollte uns daher nicht erschrecken, es ist ein wundervolles Wort. Leer zu sein heißt nicht, nichtexistent zu sein. Wenn das Stück Papier nicht leer wäre, wie könnten dann der Sonnenschein, der Holzfäller und der Wald in ihm enthalten sein? Wie könnte es dann ein Stück Papier sein? Die Schale muss, um leer zu sein, da sein. Form, Empfindungen, Wahrnehmungen, geistige Formkräfte und Bewusstsein müssen, um leer von einem eigenständigen Selbst zu sein, sehr wohl existieren.

Leerheit ist die Grundlage von allem. Dank der Leerheit ist alles möglich. Dies ist eine wichtige Aussage Nagarjunas, des berühmten buddhistischen Philosophen aus dem zweiten Jahrhundert. Leerheit ist tatsächlich eine optimistische Vorstellung. Wenn ich nicht leer wäre, könnte ich nicht sein, und wenn ihr nicht leer wäret, könntet ihr nicht sein. Weil ihr seid, kann auch ich sein. Das ist die wahre Bedeutung von Leerheit. Form hat keine eigenständige Existenz, und Avalokita möchte, dass wir diesen Punkt verstehen.

Dank der Leerheit sind wir lebendige Wesen, wir können atmen und denken. Leer zu sein bedeutet, lebendig zu sein, ein- und auszuatmen. Wir könnten nicht lebendig sein, wenn wir nicht leer wären. Leerheit ist Unbeständigkeit, steter Wandel. Wir sollten uns nicht über Unbeständigkeit ärgern, denn ohne sie ist nichts möglich.

Ein englischer Buddhist, mit dem ich mich einmal unterhielt, bedauerte, dass das Leben leer und unbeständig ist. Er war seit fünf Jahren Buddhist und hatte sehr viel über Leerheit und Unbeständigkeit nachgedacht. Er erzählte mir, dass seine vierzehnjährige Tochter eines Tages zu ihm sagte: »Bitte, Daddy, schimpf doch nicht über die Unbeständigkeit, denn wie könnte ich ohne sie überhaupt wachsen?«

Das Mädchen hat vollkommen recht. Wenn ihr ein Getreidekorn in die Erde pflanzt, dann hofft ihr natürlich, dass daraus eine große Getreidepflanze wird. Gäbe es keine Unbeständigkeit, so bliebe das Getreidekorn für immer ein Getreidekorn; ihr hättet niemals eine Ähre und könntet auch kein Getreide essen. Unbeständigkeit ist die entscheidende Voraussetzung für alles Leben. Anstatt uns über sie zu beklagen, sollten wir sie feiern und sagen: »Lang lebe die Unbeständigkeit!«

Dank der Unbeständigkeit ist alles möglich. Das ist eine sehr optimistische Sichtweise. Das Gleiche gilt für die Leerheit; sie ist wichtig, denn ohne Leerheit ist nichts möglich. So sollten wir hier ebenfalls sagen: »Lang lebe die Leerheit!«

Leerheit ist die Basis von allem. Nur dank der Leerheit ist Leben überhaupt möglich. Und alle fünf Skandhas folgen demselben Prinzip.

Kann eine Wolke sterben?

Höre, Shariputra, alle Dharmas sind durch Leerheit gekennzeichnet, weder entstehen sie, noch vergehen sie.

Der Begriff Dharma hat im Buddhismus verschiedene Bedeutungen. Hier sind die Dinge und Phänomene der Welt gemeint. Ein Mensch ist ein Dharma; ein Baum, eine Wolke, der Sonnenschein sind Dharmas. Alles, was vorstellbar ist, ist ein Dharma. Wenn wir also sagen: »Alle Dharmas sind durch Leerheit gekennzeichnet«, so drücken wir aus, dass die Eigen-Natur von allem Leerheit ist. Und darum kann alles existieren, kann alles sein. Es liegt eine große Freude in dieser Aussage, denn sie besagt, dass nichts geboren werden und nichts sterben kann. Avalokita teilt uns hier etwas außerordentlich Wichtiges mit.

Tagtäglich werden wir mit Geburt und Tod konfrontiert. Wenn ein Mensch geboren wird, so stellt man eine Geburtsurkunde für ihn aus; ist er gestorben, gibt es eine Sterbeurkunde, damit man ihn begraben kann. Diese Urkunden bestätigen die Existenz von Geburt und Tod. Aber Avalokiteshvara sagt: »Nein, es gibt keine Geburt und keinen Tod!«

Wir müssen wiederum genauer hinschauen, um zu sehen, ob diese Aussage richtig ist. Welcher Tag ist der Tag, an dem ihr geboren wurdet, euer Geburtstag? Habt ihr bereits vor diesem Tag existiert? Wart ihr schon da, bevor ihr geboren wurdet? Lasst mich euch helfen: Geboren werden bedeutet, dass ihr aus nichts zu etwas werdet. Meine Frage lautet also: Habt ihr vor eurer Geburt bereits existiert?

Angenommen, eine Henne legt gerade ein Ei. Glaubt ihr, dass das Ei schon da ist, bevor die Henne es legt? Natürlich ist es das; es ist innerhalb ihres Körpers. Auch ihr selbst wart zunächst innerhalb eines Körpers, bevor ihr außerhalb existiertet. Das bedeutet, dass ihr vor eurer Geburt existiert habt – und zwar innerhalb eurer Mutter. Tatsache ist, dass es keines Geborenwerdens mehr bedarf, wenn etwas bereits da ist, denn geboren werden bedeutet ja, dass ihr aus nichts zu etwas werdet. Wenn ihr aber bereits etwas seid, welchen Sinn hat es dann, von Geburt zu sprechen? So ist euer sogenannter »Geburtstag« in Wirklichkeit ein Tag der Kontinuität. Feiert ihr ihn das nächste Mal, so sollte man lieber zu euch sagen: »Herzlichen Glückwunsch zum Tag der Kontinuität!«

Ich denke, dass wir eine genauere Vorstellung

davon entwickeln sollten, wann wir geboren wurden. Gehen wir neun Monate zurück zum Zeitpunkt unserer Empfängnis und Zeugung, so haben wir ein besseres Datum gefunden, das auf unserer Geburtsurkunde stehen sollte. Wenn in China oder auch in Vietnam ein Kind geboren wird, sagt man, dass es bereits ein Jahr alt ist. Darin drückt sich aus, dass unsere Existenz bereits mit der Empfängnis und Zeugung im Mutterleib beginnt, und so schreiben wir dieses Datum auf unsere Geburtsurkunde.

Doch bleibt immer noch die Frage bestehen: Habt ihr bereits vor diesem Tag existiert oder nicht? Ja, auch davor wart ihr bereits da, vielleicht halb in eurem Vater, halb in eurer Mutter, denn aus Nichts können wir niemals zu etwas werden.

Könnt ihr auch nur irgendetwas nennen, das einst Nichts war? Eine Wolke? Glaubt ihr, dass eine Wolke aus Nichts geboren werden kann? Bevor sie zur Wolke wurde, war sie bereits Wasser, das vielleicht als ein Fluss dahinströmte. Sie war nicht Nichts. Könnt ihr das sehen?

Letztlich können wir uns gar nicht die Geburt von irgendetwas vorstellen, denn es gibt nur ein Fortdauern.

Nun schaut bitte noch weiter zurück, dann werdet ihr sehen, dass ihr nicht nur in eurer Mutter und in eurem Vater existiertet, sondern auch schon in euren Großeltern und Urgroßeltern. Und wenn ich noch genauer hinsehe, kann ich entdecken, dass ich in einem früheren Leben eine Wolke war. Das ist keine poetische Vision, sondern wissenschaftliche Realität. Warum sage ich, dass ich in einem früheren Leben eine Wolke war? Weil ich auch jetzt noch eine Wolke bin! Ohne die Wolke könnte ich nicht sein. In diesem Augenblick bin ich die Wolke, der Fluss und die Luft, und daher weiß ich, dass ich auch in der Vergangenheit die Wolke, der Fluss und die Luft war. Und ich war ein Felsen; ich war die Mineralien im Wasser.

Das alles hat nichts mit dem Glauben an Reinkarnation zu tun, sondern es ist die Geschichte des Lebens auf der Erde. Wir sind Gase gewesen, Sonnenschein, Wasser, Pilze, Pflanzen und Einzeller. Der Buddha sagt, er sei in einem früheren Leben ein Baum gewesen. Er war ein Fisch; er war ein Hirsch. Dies sind keine Mythen oder Legenden. Wir alle sind schon eine Wolke gewesen, ein Hirsch, ein Vogel, ein Fisch, und wir haben auch nie aufgehört, all dies zu sein.

Das gilt nicht nur für das Entstehen der Dinge. Nichts kann geboren werden, und folglich kann auch nichts sterben. Das ist, was Avalokita ausdrücken will. Glaubt ihr, dass eine Wolke sterben kann? Sterben bedeutet, dass ihr aus Etwas zu Nichts werdet. Glaubt ihr wirklich, dass wir etwas zunichtemachen können? Lasst uns noch einmal zu unserem Stück Papier zurückkehren. Wir haben vielleicht die Illusion, wir bräuchten nur ein Streichholz anzuzünden, um es zu verbrennen. Wenn wir aber dieses Stück Papier verbrennen, so wird ein Teil von ihm zu Rauch, und der Rauch steigt empor und existiert weiter.

Die Hitze, die durch das brennende Papier erzeugt wird, breitet sich im Kosmos aus und durchdringt die Dinge, denn die Hitze ist das nächste Leben des Papiers. Die Asche, die zurückbleibt, wird Teil des Erdbodens, und so kann das Stück Papier in seinem nächsten Leben zugleich eine Wolke und eine Rose sein. Wir müssen das sehr gewissenhaft und aufmerksam betrachten, um wirklich zu erkennen, dass dieses Stück Papier niemals geboren wurde und auch niemals sterben wird. Es kann zwar andere Daseinsformen annehmen, aber wir sind nicht in der Lage, ein Stück Papier in Nichts zu verwandeln.

Das soeben Gesagte gilt für alles, es gilt für euch und auch für mich. Wir sind nicht der Geburt und dem Tod unterworfen. Zen-Meister geben ihren Schülern oft folgende Frage als Thema der meditativen Betrachtung: »Was war dein ursprüngliches Gesicht, bevor deine Eltern geboren wurden?«

Betrachtet diese Frage als Einladung zu einer Reise mit dem Ziel, euch selbst zu erkennen. Lasst ihr euch darauf ein, so könnt ihr sowohl eure früheren als auch eure zukünftigen Leben sehen.

Erinnert euch aber bitte auch daran, dass wir hier keineswegs über Philosophie reden, sondern über die Wirklichkeit selbst. Betrachtet einmal eure Hand und fragt euch: »Seit wann gibt es meine Hand schon?« Wenn ich meine Hand ganz genau anschaue, kann ich sehen, dass sie schon sehr, sehr lange da ist, seit mehr als 300 000 Jahren. Ich sehe alle Generationen von Vorfahren in ihr, die nicht nur in der Vergangenheit existierten, sondern auch im gegenwärtigen Moment noch lebendig sind. Ich bin nur die Fortdauer, ich bin niemals gestorben. Denn wenn ich einst gestorben wäre, wie könnte meine Hand dann noch da sein?

Der französische Wissenschaftler Lavoisier sagte einmal: »Nichts wird geschaffen, und nichts wird vernichtet.« Das ist dieselbe Aussage, die wir im Herz-Sutra finden. Auch heute sind nicht einmal die hervorragendsten Wissenschaftler dazu in der Lage, ein Etwas, und sei es ein noch so winziges Staubkorn oder gar ein Elektron, in ein Nichts umzuwandeln. Eine Form der Energie kann sich stets nur zu einer anderen Energieform wandeln, aber niemals kann sich Etwas in Nichts verwandeln; das gilt auch für ein Staubkorn. Normalerweise sagen wir, dass Menschen aus Staub gemacht sind und zu Staub zurückkehren, und das klingt nicht besonders erfreulich. Wir möchten nicht gern zu Staub werden, denn man wertet das ja durchaus ab: Menschen gelten als etwas Wertvolles, Staub hingegen gilt als wertlos. Dabei wissen die Forscher noch nicht einmal, was ein Staubkorn eigentlich genau ist. Es ist noch immer ein Rätsel. Stellt euch einmal ein Atom dieses Staubkorns vor, um dessen Kern die Elektronen mit einer Geschwindigkeit von 288 000 Kilometern pro Sekunde herumrasen! Es wird ein spannendes, aufregendes Abenteuer, wenn wir zu einem Staubkorn werden.

Manchmal bilden wir uns ein, wir wüssten ganz genau, was ein Staubkorn ist. Wir glauben sogar, einen Menschen völlig zu verstehen – einen Menschen, von dem wir aber sagen, dass er zu Staub wird. Nur weil wir mit einer Person schon zwanzig oder dreißig Jahre lang zusammenleben, haben wir das Gefühl, wir wüssten bereits alles über sie. Während sie beim Autofahren direkt neben uns sitzt, denken wir an tausend andere Dinge. Wir sind eigentlich gar nicht mehr an der Gegenwart dieses Menschen interessiert. Welche Überheblichkeit drückt sich darin aus! Dabei ist der Mensch, der dort neben uns sitzt, wahrhaftig ein Geheimnis. Wir haben nur den Eindruck, ihn genau zu kennen, aber in Wirklichkeit wissen wir gar nichts.

Wenn wir mit den Augen Avalokitas schauen, dann erkennen wir, dass sogar ein einziges Haar dieses Menschen der gesamte Kosmos ist. Ein Haar auf seinem Kopf kann für uns die Tür sein, die sich zur letztendlichen Wirklichkeit hin öffnet. Ein Staubkorn kann das Reine Land sein, das Himmelreich. Dass das so ist, werdet ihr begreifen, wenn ihr erkennt, dass alles sich gegenseitig bedingt und durchdringt: ihr, das Staubkorn und alle Dinge. Wir sollten also etwas bescheidener sein. Ein chinesisches Sprichwort lautet: »Sagst du, du weißt nicht, ist das der Anfang des Wissens.«

An einem Herbsttag war ich einmal in einem

Park in die Betrachtung eines ganz kleinen, aber schönen Blattes versunken. Das Blatt hatte die Form eines Herzens. Es war rötlich gefärbt und hing nur noch lose an einem Zweig, bereit, schon bald herabzufallen.

Ich beschäftigte mich eine ganze Weile mit diesem Blatt und stellte ihm unzählige Fragen. So fand ich heraus, dass das Blatt einst für den Baum eine Mutter gewesen war. Normalerweise denken wir, dass der Baum die Mutter ist und die Blätter ihre Kinder sind. Doch als ich dieses Blatt betrachtete, sah ich, dass es auch seinerseits eine Mutter für den Baum war. Der Saft, den die Wurzeln dem Boden entnehmen, besteht nur aus Wasser und Mineralien. Er enthält nicht ausreichend Nährstoffe für den ganzen Baum; und so verteilt der Baum diesen Saft an die Blätter. Diese sind nun verantwortlich dafür, den nährstoffarmen Saft mit Hilfe der Sonne und des Stickstoffs anzureichern und ihn an den Baum zurückzuleiten. Auf diese Weise nähren sie den Baum. So sind die Blätter für den Baum auch Mütter, und da sie durch ihre Stiele mit dem Baum verbunden sind, ist die Verbindung zwischen ihnen und dem Baum leicht erkennbar.

Wir Menschen haben heute keinen solchen »Stiel« mehr, der uns mit unserer Mutter verbindet, aber als wir noch in ihrem Leib waren, verband uns eine Nabelschnur mit ihr, durch die uns aus ihrem Körper Sauerstoff und wichtige Nährstoffe zugeführt wurden.

Unglücklicherweise wurde diese Nabelschnur an dem Tag, den wir unseren Geburtstag nennen, durchtrennt, und so konnten wir uns der Illusion hingeben, unabhängig von ihr zu sein. Das ist ein Fehler, denn für lange Zeit noch stützen und verlassen wir uns auf unsere Mutter, und gleichzeitig haben wir noch viele andere Mütter, mit denen wir verbunden sind.

Die Erde ist unsere Mutter, und viele Nabelschnüre verbinden uns mit ihr. Auch mit den Wolken sind wir verbunden, denn wenn es sie nicht gäbe, hätten wir kein Wasser, das wir trinken können. Wir selbst bestehen zu mehr als siebzig Prozent aus Wasser, und die Verbindung zwischen uns und der Wolke besteht demnach wirklich. Das gilt ebenso für unsere Verbindung zum Fluss, zum Wald, zum Holzfäller und zum Bauern. Auf diese Weise sind wir mit allen Phänomenen des Kosmos verbunden, und nur darum können wir existieren, können wir sein.

Siehst du die Verbindung zwischen dir und mir? Wenn du nicht wärst, könnte ich nicht sein. Das ist ganz klar. Wenn ihr das noch nicht erkennt, schaut genauer hin. Ich bin sicher, ihr werdet es sehen. Wie ich schon sagte, es sind dies keine philosophischen Spekulationen. Ihr müsst es wirklich sehen.

Ich fragte schließlich das Blatt, ob es sich fürchte, denn es war Herbst, und die meisten anderen Blätter waren schon herabgefallen. Das Blatt antwortete: »Nein, ich fürchte mich nicht. Den ganzen Frühling und Sommer über war ich sehr lebendig. Ich arbeitete hart und half mit, den Baum zu nähren, und vieles von mir ist nun in diesem Baum. Bitte sage nicht, dass ich nur diese Form bin, denn die Blattform ist nur ein winziger Teil von mir. Ich bin der ganze Baum, und ich weiß, dass ich bereits innerhalb des Baumes bin. Wenn ich zum Erdboden zurückkehre, werde ich auch weiterhin den Baum nähren. Darum bin ich auch nicht beunruhigt. Wenn ich den Ast verlasse und auf den Boden herabsinke, werde ich dem Baum zuwinken und ihm sagen: ›Ich sehe dich schon sehr bald wieder.‹«

Auf einmal erkannte ich hier eine Weisheit, die jener des Herz-Sutra gleicht. Ihr müsst das Leben sehen. Ihr solltet nicht vom Leben eines Blattes sprechen, sondern vom Leben in einem Blatt und Leben in einem Baum. Mein Leben ist nichts als Leben, ihr könnt es in mir und in dem Baum sehen.

An diesem Tag wehte ein leichter Wind, und nach einer Weile sah ich, wie das Blatt sich vom Ast löste und in einem freudigen Tanz zum Erdboden schwebte; und das Blatt sah, während es noch in der Luft umhertanzte, dass es bereits in diesem Baum war. Darüber war es sehr glücklich. Ich verneigte mich, erkannte ich doch, dass wir von diesem Blatt sehr viel lernen können: Es hatte keine Angst, denn es wusste, dass nichts geboren wird und nichts stirbt. Auch die Wolke am Himmel fürchtet sich nicht. Wenn die Zeit kommt, wird die Wolke zu Regen.

Sicher macht es Spaß, zum Regen zu werden, der singend auf die Erde herabprasselt, oder Teil des

Mississippi, des Amazonas oder des Mekong; oder auf Gemüse herabzurieseln; und spannend wäre es, einmal Teil eines Menschen zu sein. Es kommt mir vor wie ein aufregendes Abenteuer. Die Wolke weiß, dass sie Teil des Ozeans werden kann, wenn sie auf die Erde herabregnet, und deshalb hat sie keinerlei Furcht.

Nur wir Menschen fürchten uns. Die Welle auf dem Meer hat einen Anfang und ein Ende, eine Geburt und einen Tod. Doch Avalokiteshvara sagt uns, dass die Welle leer sei. Die Welle ist erfüllt von Wasser, aber sie ist ohne eigenständiges Selbst. Die Welle ist eine Form, die möglich geworden ist durch die Existenz und das Zusammenspiel von Wind und Wasser. Sieht eine Welle nur ihre Form allein, mit ihrem Anfang und Ende, so muss sie sich vor Geburt und Tod fürchten. Aber wenn sie erkennt, dass sie Wasser ist, und sich vollständig mit dem Wasser identifiziert, dann ist sie befreit von Leben und Tod. Jede Welle wird geboren und stirbt, doch das Wasser ist frei von Leben und Tod.

Als Kind spielte ich häufig mit einem Kaleidoskop. Ich hatte ein Papprohr und ein paar geschliffene Glasstücke, und wenn ich das Rohr etwas drehte, sah ich viele wunderschöne Bilder. Jedes Mal, wenn ich es in meinen Fingern ein wenig bewegte, verschwand das Muster, und ein anderes erschien. Ich weinte niemals, wenn das erste Bild verschwunden war, denn ich wusste ja, dass nichts verloren ging; es folgte immer ein neues schönes

Bild. Wenn ihr die Welle seid, ganz eins mit dem Wasser, und die Welt mit den Augen des Wassers betrachtet, dann habt ihr keine Angst davor, einfach auf und ab zu tanzen.

Aber bleibt bitte nicht bei oberflächlichen Spekulationen stehen, und verlasst euch auch nicht auf meine Worte! Ihr selbst müsst es ergründen, durchdringen und eins werden damit. Das geht nur durch Meditation, und das nicht nur in der Meditationshalle. In unserem täglichen Leben müssen wir üben. Während ihr Essen zubereitet, die Wohnung putzt oder einen Spaziergang macht, könnt ihr die Dinge betrachten und versuchen, sie im Lichte der Leerheit zu sehen. Leerheit ist ein überaus optimistisches Wort, in keiner Weise pessimistisch. Als Avalokita in tiefer Meditation über das Vollkommene Verstehen die Natur der Leerheit zu erkennen in der Lage war, überwand er/sie plötzlich alle Angst und alles Leiden.

Ich habe schon einige Menschen ganz friedvoll sterben sehen, mit einem Lächeln auf dem Gesicht, denn sie hatten erkannt, dass Geburt und Tod nur Wellen sind, die sich an der Oberfläche des Meeres kräuseln; Geburt und Tod sind nur Bildfolgen in einem Kaleidoskop.

Es gibt so vieles, was wir von der Wolke, dem Wasser, der Welle, dem Blatt und dem Kaleidoskop lernen können und was uns auch alle anderen Dinge des Kosmos lehren.

Wenn ihr das alles sorgfältig betrachtet, euch in

die Dinge vertieft, dann werdet ihr das Geheimnis der wechselseitigen Durchdringung aller Phänomene entdecken. Habt ihr es schließlich enthüllt, seid ihr nicht länger der Angst unterworfen – Angst vor der Geburt oder Angst vor dem Tod. Geburt und Tod sind nur Ideen und Vorstellungen in unserem Geist, nicht die Wirklichkeit selbst. Es ist wie mit unserer Vorstellung von oben und unten. Wir sind uns ganz sicher, dass wir nach oben zeigen, wenn wir unsere Hand erheben, und nach unten, wenn wir in die entgegengesetzte Richtung deuten. Der Himmel ist »oben« – die Hölle ist »unten«. Menschen hingegen, die genau auf der anderen Seite unseres Planeten leben, würden uns hier energisch widersprechen. Wir sehen, dass die Vorstellung von oben und unten nicht der Wirklichkeit des Kosmos entspricht, ebenso wenig wie die Vorstellung von Geburt und Tod.

Nun schaut bitte immer weiter zurück, bis ihr schließlich erkennt, dass ihr schon immer hier wart. Lasst uns die Dinge gemeinsam betrachten, lasst uns das Leben eines Blattes durchdringen, bis wir eins werden mit ihm. Lasst uns eins sein mit der Wolke, eins sein mit der Welle; sie wollen wir durchdringen und so unsere eigene Natur als Wasser erkennen und verwirklichen. Das befreit uns schließlich von jeglicher Angst. Wenn wir dies wirklich tief ergründen, können wir Geburt und Tod transzendieren.

Auch morgen noch werde ich existieren. Aber ihr

müsst sehr aufmerksam sein, um mich zu erkennen. Ich werde vermutlich als Blume erscheinen oder als Blatt. In diesen Formen werde ich euch begrüßen. Seid ihr aufmerksam genug, so könnt ihr mich erkennen und auch begrüßen. Darüber würde ich mich sehr freuen.

Wo ist der Unterschied zwischen Abfall und Rose?

Sie sind weder rein noch unrein.

Unrein oder rein, schmutzig oder sauber – das sind Vorstellungen, die wir in unserem Geist entwickeln. Eine schöne Rose, die wir gerade geschnitten und in unsere Vase gestellt haben, gilt uns als makellos. Sie duftet so wunderbar frisch und gut, und dieser Eindruck unterstützt unsere Vorstellung von »Reinheit«.

Ganz anders sieht es mit unserem Mülleimer aus. Er stinkt schrecklich und ist voll mit verfaulten, verdorbenen Sachen. Aber das ist nur eine oberflächliche Sichtweise. Schaut ihr genauer hin, seht ihr, dass die Rose in einigen Tagen auch Teil des Abfalls ist. Um das zu erkennen, braucht ihr aber gar nicht fünf Tage zu warten. Betrachtet ihr die Rose genau, so könnt ihr es auch jetzt schon sehen. Schaut ihr in den Mülleimer hinein, so erkennt ihr, dass sich sein Inhalt in einigen Monaten wieder in Gemüse oder auch eine Rose verwandeln kann.

Wenn ihr als gute Biogärtner die Rose mit den Augen der Bodhisattvas betrachtet, könnt ihr den Abfall in ihr erkennen, und betrachtet ihr den Abfall, so seht ihr die Rose darin. Die Rose und der Abfall bedingen und durchdringen einander. Ohne die Rose kann es keinen Abfall geben, und ohne den Abfall kann keine Rose erblühen. Sie brauchen sich gegenseitig und sind gleich wertvoll; der Abfall ist genauso kostbar wie die Rose. Wenn wir die Vorstellungen von Unreinheit und Reinheit ganz genau untersuchen, sind wir schließlich wieder bei dem Aspekt des gegenseitigen Durchdringens und Bedingens aller Phänomene angelangt, dem Intersein.

Im Majjhima-Nikaya gibt es eine ganz kurze Passage darüber, wie die Welt entstanden ist. Sie ist schlicht, leicht zu verstehen und doch sehr tiefgründig. Es heißt dort: »Dies ist, weil jenes ist. Dies ist nicht, weil jenes nicht ist. Dies ist so, weil jenes so ist.« Das ist die buddhistische Lehre von der Entstehung der Welt.

In Manila gibt es viele junge Prostituierte; manche von ihnen sind höchstens vierzehn oder fünfzehn Jahre alt. Meist sind es unglückliche junge Frauen, die nie vorhatten, Prostituierte zu werden. Sie stammen aus bettelarmen Familien, und so gingen diese jungen Mädchen eines Tages in die Stadt, um sich dort eine Arbeit, etwa als Straßenverkäuferin, zu suchen. Mit dem verdienten Geld unterstützen sie nun ihre Familien. Das geschieht nicht nur in Manila, sondern überall auf der Welt – in Ho-Chi-Minh-Stadt, New York oder Paris.

Es stimmt, dass man in der Stadt sehr viel leichter Geld verdienen kann als auf dem Land, und so ist es nachvollziehbar, dass eine junge Frau notgedrungen dort hingeht, um ihrer Familie zu helfen. Dann wird sie eines Tages von skrupellosen Leuten überredet, doch für sie zu arbeiten und dadurch hundertmal mehr zu verdienen. Weil sie noch jung und unerfahren ist, willigt sie ein und wird Prostituierte. Seitdem fühlt sie sich nur noch unrein und beschmutzt, und sie leidet sehr darunter. Sieht sie dann noch die anderen jungen Mädchen, die schön gekleidet sind und aus wohlhabenden Familien stammen, fühlt sie sich besonders elend, und das Gefühl der Beschmutzung ist für sie zur Qual geworden.

Hätte sie nun die Möglichkeit, Avalokita zu treffen und mit ihm/ihr zu sprechen, dann würde sie hören, dass sie sich und die gesamte Situation eingehend betrachten sollte, um zu erkennen, dass sie so ist, wie sie ist, weil andere Menschen so sind, wie sie sind.

»Dies ist so, weil jenes so ist.« Wie kann dann ein sogenanntes anständiges Mädchen, das einer guten Familie entstammt, noch stolz auf ihre Herkunft und ihren Lebensstil sein? Weil ihre Lebensweise so ist, muss das andere Mädchen so leben. Niemand von uns wäscht seine Hände in Unschuld. Niemand von uns kann behaupten, dass wir nicht für diese Umstände mit verantwortlich sind. Das Mädchen in Manila lebt so, bedingt durch die Art unserer Lebensweise. Betrachten wir das Leben dieser jungen Prostituierten, so sehen wir all die Nicht-Prostituierten, und betrachten wir die Nicht-Prostituierten und die Art und Weise, wie wir unser Leben leben, so sehen wir die Prostituierten darin. Dies hilft, jenes zu schaffen, und jenes hilft, dies zu schaffen.

Schauen wir uns doch einmal Wohlstand und Armut an: Die Überflussgesellschaft und die Armutsgesellschaft bedingen und durchdringen sich wechselseitig. Der Reichtum der einen Gesellschaft besteht aus der Armut der anderen. »Dies ist so, weil jenes so ist.« Reichtum besteht aus Elementen des Nicht-Reichtums, und Armut besteht aus Elementen der Nicht-Armut. Es ist so wie mit dem Stück Papier. Wir sollten daher vorsichtig sein und uns nicht selbst durch unsere Vorstellungen einengen. In Wahrheit ist alles auch alles andere. Wir können nicht einfach nur sein; wir können uns nur wechselseitig bedingen und durchdringen, können nur inter-sein. Deshalb sind wir auch verantwortlich für alles, was um uns herum geschieht.

Avalokiteshvara würde zu der jungen Prostituierten sagen: »Mein Kind, schau dich genau an, und du wirst alles sehen. Weil andere Menschen so sind, darum bist du so. Du bist nicht die Einzige, die dafür verantwortlich ist, und darum brauchst du auch nicht mehr so zu leiden!« Erst wenn die junge Frau sieht, dass sich alles gegenseitig bedingt und durchdringt, dass es da ein Intersein gibt, kann sie sich von ihrem Leiden befreien. Oder wisst ihr etwas Wirksameres, um ihr zur inneren Freiheit zu verhelfen?

Wir sind gefangen in unseren Vorstellungen von Gut und Böse. Wir möchten nur gut sein und alles Böse in uns beseitigen. So denken können wir nur, weil wir vergessen, dass das Gute aus Elementen des Nicht-Guten besteht.

Stellt euch vor, ich halte einen wunderschönen Zweig in meinen Händen. Wenn wir ihn mit einer Geisteshaltung betrachten, die nicht unterscheidet, so sehen wir ihn als wundervollen Zweig. Sobald wir aber beginnen zu unterscheiden zwischen einem linken Ende und einem rechten, wird es bereits schwierig. Wir mögen vielleicht nur die linke Seite, die rechte aber nicht, und schon gibt es Probleme. Wenn es keine Rechten gäbe, wie könntet ihr dann Linke sein? Nehmen wir also an, ich möchte nicht das rechte Ende des Zweigs, sondern nur das linke. Ich breche also die Hälfte dieser Wirklichkeit ab und werfe sie fort. Sobald ich jedoch die Hälfte weggeworfen habe, hat das, was von dem Zweig noch übrig ist, wieder zwei Enden, ein rechtes und ein linkes – denn solange es ein linkes gibt, muss es auch ein rechtes geben. Nun bin ich vielleicht enttäuscht und versuche es abermals, breche den Zweig wieder in zwei Hälften und muss wiederum feststellen, dass es immer noch ein rechtes Ende des Zweigs gibt.

So ist es auch mit Gut und Böse. Man kann nicht nur gut sein und hoffen, dass sich das Böse einfach beseitigen lässt, denn das Gute existiert dank des Bösen und umgekehrt. Inszeniert ihr ein Theaterstück mit einem Helden, so müsst ihr ihm auch einen Gegenspieler geben, damit er überhaupt ein Held sein kann. Der Buddha braucht Mara, der die Rolle des Bösen übernimmt, damit der Buddha ein Buddha sein kann. Buddha ist so leer wie ein Stück Papier, er besteht aus Nicht-Buddha-Elementen. Wenn es keine Nicht-Buddhas wie uns gäbe, wie könnte dann ein Buddha existieren? Wenn es keinen Rechten gibt, wie können wir dann jemanden einen Linken nennen?

Meiner Tradition folgend rezitiere ich jedes Mal, wenn ich meine Hände zusammenlege und mich tief vor dem Buddha verneige, diesen kurzen Vers:

Einer verneigt sich und erweist Achtung,
und einer empfängt die Verneigung
und die Achtung.
Beide sind wir leer.
Daher ist unsere Gemeinschaft vollkommen.

Es ist keineswegs anmaßend, in dieser Weise zu sprechen. Wenn ich nicht leer wäre, wie könnte ich mich dann vor dem Buddha verneigen? Und wenn der Buddha nicht leer wäre, wie könnte er meine

Verneigung empfangen? Der Buddha und ich durchdringen einander, wir sind miteinander verwoben. Das ist Intersein. Der Buddha besteht aus Nicht-Buddha-Elementen wie mir; und ich bestehe aus Nicht-Ich-Elementen wie dem Buddha. Subjekt und Objekt der Verehrung sind beide leer. Wie kann es ohne Objekt ein Subjekt geben?

In der westlichen Kultur setzt man sich schon seit langem mit dem Problem des Bösen auseinander. Warum, so fragt man sich, muss es das Böse geben? Für Menschen des Abendlandes ist das nur schwer zu verstehen.

Doch im Lichte der Nicht-Dualität gibt es kein Problem: Sobald die Vorstellung vom Guten besteht, gibt es auch die Vorstellung vom Bösen. Der Buddha braucht Mara, um er selbst sein zu können, und umgekehrt. Wenn ihr die Wirklichkeit auf diese Weise wahrnehmt, braucht ihr den Abfall nicht mehr um der Rose willen geringzuschätzen; ihr könnt nun beides wertschätzen.

Ihr solltet also nicht Partei ergreifen, denn tut ihr das, so versucht ihr damit, die Hälfte der Wirklichkeit auszuschließen, und das ist schlicht unmöglich. Jahrzehntelang haben zur Zeit des Kalten Krieges die Vereinigten Staaten die Sowjetunion als Verkörperung des Bösen betrachtet. Manche Amerikaner hegten sogar die Illusion, sie könnten ohne die andere Hälfte überleben.

Das gleicht aber dem Irrglauben, die rechte Seite könne ohne die linke existieren. In der ehemaligen

Sowjetunion hegten sie die gleichen Vorstellungen. Die amerikanischen Imperialisten galten als die Schlechten, die man erst ausschalten müsste, um das Glück in der Welt zu ermöglichen. Das ist eine vollkommen dualistische Art und Weise, die Dinge zu betrachten. Betrachten wir Amerika ganz genau, so erkennen wir darin das jeweilige »Feindesland«; schauen wir uns den »Feind« an, erkennen wir Amerika. Schauen wir tief in die Rose hinein, so sehen wir in ihr den Abfall, schauen wir tief in den Abfall hinein, so sehen wir in ihm die Rose.

In der internationalen Politik gibt jede Seite vor, die Rose zu sein, und bezeichnet die andere Seite als Abfall. Doch es gilt: »Dies ist so, weil jenes so ist.« Und so müsst ihr eben auch für das Überleben der anderen Seite Sorge tragen, wenn ihr selbst überleben wollt.

Es ist eigentlich ganz einfach: Überleben kann die Menschheit nur als Ganzes, nicht bloß ein Teil von ihr. Dies müssen nicht nur einander feindlich gegenüberstehende Staaten erkennen, sondern das gilt auch für Nord-Süd-Konflikte. Kann der Süden nicht überleben, muss auch der Norden zugrunde gehen. Können die Länder der sogenannten Dritten Welt ihre Schulden nicht mehr bezahlen, werdet auch ihr hier im Norden darunter zu leiden haben. Wenn ihr nicht für die »Dritte Welt« Sorge tragt, hat das auch Auswirkungen auf euer Wohlergehen; ihr könnt dann nicht so weiterleben, wie ihr es gewohnt seid.

Das wird heute schon vielerorts sichtbar. Hofft

also nicht darauf, die »böse Seite« eliminieren zu können. Man macht es sich leicht, wenn man glaubt, der guten Seite anzugehören, während die anderen scheinbar das Übel darstellen. Wohlstand beruht auf Armut, und Armut beruht auf Wohlstand. Das ist eine ganz klare Sicht der Wirklichkeit. Wir müssen gar nicht in die Ferne schweifen, um zu sehen, was zu tun ist. Die Bürgerinnen und Bürger eines jeweiligen Staates sind menschliche Wesen, die wir nicht durch Statistiken erforschen und erfassen können. Ebenso wenig sollten wir es den Regierungen, Politikern oder Wissenschaftlern überlassen, Verständnis zu entwickeln. Wir selbst müssen es tun. Verstehen wir die Hoffnungen und Ängste der Menschen in einem anderen Land, so gelingt uns das auch mit unseren eigenen Hoffnungen und Ängsten.

Nur ein vollständiges Ergründen der Wirklichkeit kann uns retten; Angst kann uns niemals retten. Wir existieren nicht getrennt von anderen, sondern wir sind alle untrennbar miteinander verwoben.

Die Rose ist der Abfall, und der Nicht-Prostituierte ist die Prostituierte; der reiche Mann ist die ganz arme Frau, und die Buddhistin ist der Nicht-Buddhist. Der Nicht-Buddhist kann gar nichts anderes als eine Buddhistin sein, denn wir alle bedingen und durchdringen uns gegenseitig.

Die junge Prostituierte ist in dem Augenblick befreit, in dem sie die Natur des wechselseitigen Durchdringens, des Interseins, erkennt; dann weiß sie, dass sie in sich die Früchte der ganzen Welt trägt. Und wenn wir in uns hineinschauen und die junge Prostituierte erkennen, dann ertragen wir ihre Schmerzen und das Leiden der ganzen Welt.

Nichts kann wirklich verschwinden

Weder werden sie größer,
noch werden sie kleiner.

Uns bekümmert die Vorstellung, dass wir nach unserem Tod kein menschliches Wesen mehr sind. Wir werden wieder zu Staub. Mit anderen Worten, wir werden offenbar weniger, nehmen ab.

Aber das ist nicht wahr. Ein Staubkorn enthält das ganze Universum. Hätten wir Ausmaße wie die Sonne und könnten wie sie auf die Erde herabblicken, dann würde uns die Erde völlig unbedeutend erscheinen. Wir Menschen betrachten Staub in derselben Weise. Doch die Idee von groß und klein ist nur eine Vorstellung in unserem Geist. Alles enthält alles andere, das ist das Gesetz des wechselseitigen Durchdringens. Dieses Stück Papier enthält den Sonnenschein, den Holzfäller, den Wald, es umfasst alle Phänomene dieser Welt, so dass der Gedanke, es sei klein und unbedeutend, nur unserer Vorstellung entspringt.

Wir können noch nicht einmal ein Stück Papier vernichten, ja, wir sind nicht imstande, überhaupt irgendetwas zu vernichten. Als man Mahatma Gandhi oder Martin Luther King ermordete, hoffte man, sie dadurch zum Verschwinden zu bringen. Doch weilen diese Menschen noch immer unter uns, präsenter vielleicht als zuvor, denn sie bestehen fort in anderer Form. In uns selbst leben sie weiter. Deshalb brauchen wir keine Angst davor zu haben, dass wir weniger werden oder geringer. Der Mond macht es uns vor: Wir sehen, wie er zunimmt und abnimmt, und doch bleibt er immer Mond.

Gut und Böse sind eins

Daher gibt es in der Leerheit weder Form noch Empfindung, noch Wahrnehmung, noch geistige Formkraft, noch Bewusstsein; kein Auge, kein Ohr, keine Nase, keine Zunge, keinen Körper, keinen Geist; keine Form, keinen Klang, keinen Geruch; keinen Geschmack, kein Berührbares, kein Objekt des Geistes, keinen Bereich der Elemente (von den Augen bis zum Geist-Bewusstsein); kein bedingtes Entstehen und kein Erlöschen des bedingten Entstehens (von Unwissenheit bis zu Alter und Tod); kein Leiden, keinen Ursprung des Leidens, kein Ende des Leidens und keinen Weg; kein Verstehen, kein Erlangen.

Dieser wichtige Satz des Sutra beginnt mit der Bekräftigung, dass die fünf Skandhas allesamt leer sind. Sie können nicht aus sich selbst heraus existieren; jedes einzelne ist durchdrungen von allen anderen Skandhas. Dann folgt eine Aufzählung und Verneinung der achtzehn Bereiche der Elemente *(dhatus)*.

Als Erstes haben wir die sechs Sinnesorgane: Augen, Ohren, Nase, Zunge, Körper und Geist. Es folgen die sechs Sinnesobjekte: Form, Klang, Geruch, Geschmack, Berührung und das Objekt des Geistes. Form ist das Objekt der Augen, Klang das Objekt der Ohren und so weiter.

Der Kontakt zwischen den Sinnesorganen und den Sinnesobjekten bringt nun die sechs Bewusstseinselemente hervor: Sehbewusstsein, Hörbewusstsein und als Letztes das Geist-Bewusstsein.

In diesem Teil des Sutra wird also gesagt, dass kein Bereich der 18 Elemente, von den Augen bis hin zum Geist-Bewusstsein, aus sich selbst heraus existieren kann; jeder Bereich existiert nur in wechselseitiger Abhängigkeit von den anderen, ist durchdrungen von allen anderen.

Im nächsten Teil ist von den zwölf Kettengliedern des Entstehens in Abhängigkeit *(pratitya samutpada)* die Rede: Unwissenheit ist das erste, Alter und Tod das letzte Glied dieser Kette.

Auch hier wird durch Verneinung ausgedrückt, dass keines dieser zwölf Glieder aus sich selbst heraus existieren kann. Um sein zu können, muss jedes auf das Sein der anderen vertrauen. Daher sind alle Glieder dieser Kette leer, und weil sie leer sind, existieren sie wirklich. Dasselbe Prinzip gilt auch für die vier Edlen Wahrheiten: kein Leiden, kein Ursprung des Leidens, kein Erlöschen des Leidens, kein Weg.

Der letzte Punkt dieser Aufzählung ist: kein Verstehen, kein Erlangen. Verstehen *(prajna)* ist das Wesen des Buddha. »Kein Verstehen« bedeutet, dass Verstehen keine selbständige Existenz hat. Verstehen besteht aus Elementen des Nicht-Verstehens, so wie Buddha aus Nicht-Buddha-Elementen besteht.

Ich möchte euch eine Geschichte über Buddha und Mara erzählen: Eines Tages, als der Buddha sich in seine Höhle zurückgezogen hatte, stand Ananda, Buddhas Schüler und Assistent, draußen am Eingang.

Plötzlich sah er Mara kommen und war darüber sehr überrascht. Es passte ihm gar nicht, und er wünschte sich, dass Mara wieder verschwinden würde. Doch Mara kam geradewegs auf Ananda zu und bat ihn, dem Buddha seinen Besuch zu melden. Ananda sagte: »Warum bist du überhaupt hergekommen? Erinnerst du dich nicht mehr daran, dass der Buddha dich in alten Zeiten unter dem Bodhibaum besiegt hat? Schämst du dich nicht, herzukommen? Verschwinde! Der Buddha will dich nicht sehen, denn du bist böse! Du bist sein Feind!«

Als Mara das hörte, brach er in schallendes Gelächter aus. »Willst du etwa sagen, dein Lehrer habe dir erzählt, dass er Feinde habe?«, fragte er Ananda. Das machte Ananda nun sehr verlegen, denn er wusste, dass sein Lehrer nie etwas Derartiges gesagt hatte. So musste er sich geschlagen geben und dem Buddha Maras Besuch melden; insgeheim hoffte er jedoch, dass der Buddha sagen würde: »Geh und teile Mara mit, dass ich nicht da bin. Sag ihm, ich sei in einer Versammlung.« Doch der Buddha war sehr bewegt, als er hörte, dass Mara, dieser gute, alte Freund, gekommen war, um ihn zu besuchen. »Ist das wahr? Ist er wirklich hier?«, fragte der Buddha, und er ging persönlich hinaus, um Mara zu begrüßen. Ananda war darüber sehr bekümmert.

Der Buddha ging auf Mara zu, verbeugte sich vor ihm und ergriff Maras Hände. »Guten Tag, Mara! Wie geht es dir? Wie ist es dir die ganze Zeit über ergangen?« Mara antwortete nicht, und so führte ihn der Buddha in seine Höhle, bereitete einen Platz zum Sitzen für ihn und befahl Ananda, für sie beide einen Kräutertee zu bereiten. Ananda dachte bei sich: »Gern mache ich hundertmal am Tag Tee für meinen Meister, aber es ist wirklich kein Vergnügen, dies jetzt auch für Mara tun zu müssen.« Aber da es ihm sein Meister befohlen hatte, wie hätte er sich weigern können? Also begann Ananda, Kräutertee für den Buddha und dessen sogenannten Gast zu bereiten, doch versuchte er dabei, ihrer Unterhaltung zu lauschen. Der Buddha wiederholte sehr freundlich: »Mara, wie ist es dir ergangen? Wie sieht es aus bei dir?«

Mara sagte: »Ach, mir geht es überhaupt nicht

gut. Ich habe es satt, Mara zu sein, und möchte lieber jemand anderes sein.« Ananda erschrak draußen sehr, und Mara fuhr fort: »Weißt du, es ist nicht einfach, Mara zu sein. Wenn du sprichst, musst du in Rätseln sprechen; wenn du handelst, musst du verschlagen sein und böse dreinschauen. Ich bin das alles so leid! Aber was ich am wenigsten ertragen kann, sind meine Schüler. Jetzt sprechen sie auch noch über soziale Gerechtigkeit, Frieden, Gleichheit, Nicht-Zweiheit, Gewaltlosigkeit und all so etwas. Ich habe die Nase voll davon! Ich glaube, es wäre besser, wenn ich sie alle dir übergeben würde. Und ich selbst möchte gern jemand anderes sein.«

Ananda begann nun regelrecht zu zittern aus lauter Angst, sein Meister würde sich nun entschließen, die Rolle Maras zu übernehmen. Mara würde Buddha werden und der Buddha Mara. Diese Vorstellung machte ihn sehr traurig. Der Buddha hörte sehr aufmerksam zu und war von Mitgefühl erfüllt. Endlich sagte er mit ruhiger Stimme: »Mara, glaubst du, es ist ein Vergnügen, Buddha zu sein? Du hast ja keine Ahnung, wie meine Schüler mit mir umgehen! Sie legen mir Worte in den Mund, die ich niemals gesagt habe. Sie bauen prunkvolle Tempel, stellen Statuen von mir auf Schreine, um so Bananen, Orangen und süßen Reis als Opfergaben zu bekommen, die sie nur für sich selbst verwenden. Meine Lehre muss zu ihren Vorstellungen passen, und sie machen daraus ein Geschäft. Mara, wenn du wüsstest, was es wirklich bedeutet, Buddha zu sein, dann, da bin ich sicher, würdest du nicht wünschen, einer zu sein.«

Danach rezitierte der Buddha einen langen Vers, der ihre Unterhaltung zusammenfasste.

Wir sind frei

Weil es kein Erlangen gibt, finden die Bodhisattvas, in vollkommenem Verstehen ruhend, keine Hindernisse in ihrem Geist. Keine Hindernisse erlebend, überwinden sie die Angst, befreien sich selbst für immer von Täuschung und verwirklichen vollkommenes Nirvana. Alle Buddhas der Vergangenheit, Gegenwart und Zukunft erlangen dank dieses vollkommenen Verstehens volle, wahre und universale Erleuchtung.

Die Hindernisse, von denen im Sutra die Rede ist, sind unsere Ideen und Vorstellungen, die wir über Geburt und Tod, Unreinheit, Reinheit, zunehmen, abnehmen, oben, unten, innen, außen, Buddha und Mara haben. Sobald wir sehen, dass alles sich gegenseitig bedingt und durchdringt, verschwinden diese Hindernisse aus unserem Geist; wir überwinden die Angst, befreien uns selbst für immer von Täuschung und verwirklichen so vollkommenes Nirvana.

Sobald die Welle erfasst, dass sie nur Wasser und nichts als Wasser ist, erkennt sie, dass Geburt und Tod ihr nichts mehr anhaben können. Sie hat alle Formen der Angst transzendiert und damit Nirvana verwirklicht, denn vollkommenes Nirvana ist der Zustand der Nicht-Angst. Ihr seid befreit und nicht länger Geburt und Tod, Unreinheit und Reinheit unterworfen. Ihr seid befreit von alldem.

Frieden in uns ist Frieden in der Welt

Daher sollte man wissen, dass vollkommenes Verstehen das höchste Mantra ist, das Mantra ohnegleichen, das alles Leiden aufhebt, die unzerstörbare Wahrheit. Das Mantra der Prajnaparamita sollte daher verkündet werden. Dies ist das Mantra: Gate gate paragate parasamgate bodhi svaha.

Ein Mantra sind Silben oder Worte, die ihr aussprecht, wenn euer Körper, Geist und Atem in tiefer Konzentration vereint sind. Wenn ihr in dieser tiefen Sammlung ruht, durchschaut ihr die Dinge und seht sie genauso deutlich wie eine Apfelsine, die ihr in den Händen haltet.

Als Avalokiteshvara tief in die fünf Skandhas hineinschaute, erkannte er die Natur der wechselseitigen Durchdringung, und er überwand alles Leiden. Das befreite ihn vollständig. Aus tiefer Sammlung, großer Freude und Befreiung heraus sagte er etwas sehr Wesentliches. Darum sind seine Worte ein Mantra.

Wenn zwei Menschen sich lieben und der junge Mann seine Liebe noch nicht erklärt hat, so sehnt sich die junge Frau vielleicht nach diesen drei wichtigen Worten aus seinem Mund. Ist der junge Mann ein verantwortungsbewusster Mensch, dann will er sich möglicherweise seiner Gefühle erst ganz sicher sein. Deshalb lässt er sich Zeit, bis er sie ausspricht. Eines Tages sitzen sie in einem Park, niemand ist in ihrer Nähe, alles ist ruhig und friedlich. Beide haben zunächst längere Zeit geschwiegen, und schließlich spricht er diese drei Worte aus: Ich liebe dich. Die junge Frau ist sehr bewegt, als sie die Worte vernimmt, denn für sie sind sie ungemein bedeutsam.

Wenn ihr etwas so Wichtiges mit eurem ganzen Wesen ausdrückt, nicht bloß mit dem Mund oder dem Intellekt, sondern mit allen Fasern eures Seins, dann kann das die ganze Welt verändern. Eine Aussage, die diese Kraft der Transformation besitzt, wird Mantra genannt.

Avalokiteshvaras Mantra lautet: »*Gate gate paragate parasamgate bodhi svaha.*« *Gate* bedeutet gegangen. Gegangen vom Leiden hin zur Befreiung vom Leiden, von Unachtsamkeit zu Achtsamkeit, von Dualität zu Nicht-Dualität.

Gate gate heißt gegangen, gegangen. *Paragate* bedeutet, den Weg gänzlich bis zum anderen Ufer gegangen sein. Das Mantra sagt sehr nachdrücklich: Gegangen, gegangen, den ganzen Weg hinübergegangen.

Die Silbe *sam* in *parasamgate* bedeutet jeder, alle, die Sangha, die Gemeinschaft aller Lebewesen. Alle sind zum jenseitigen Ufer hinübergegangen.

Bodhi ist das innere Licht, die Erleuchtung oder das Erwachen. Plötzlich seht ihr, und der Anblick der Wirklichkeit befreit euch. *Svaha* schließlich ist ein Ausruf, der Freude oder Erregung ausdrückt, wie »Willkommen« oder »Halleluja«.

»Gegangen, gegangen, den ganzen Weg hinübergegangen, alle hinübergegangen zum anderen Ufer, Erleuchtung, svaha!«

Das sind die Worte des/der Bodhisattva. Lauschen wir dem Mantra, so sollten wir selbst einen Zustand der Achtsamkeit und Sammlung entwickeln, damit wir die ganze Kraft erleben, die Bodhisattva Avalokiteshvara ausstrahlt.

Wir rezitieren das Herz-Sutra weder wie ein Lied, das wir singen, noch allein mit unserem Intellekt. Wenn ihr über Leerheit meditiert und dabei mit eurem ganzen Herzen, eurem Körper und eurem Geist eintaucht in die Natur des wechselseitigen Durchdringens, so werdet ihr einen Zustand tiefer Sammlung erlangen. Sprecht ihr dann das Mantra wirklich aus der Tiefe eures Wesens heraus, wird es voller Kraft sein. Ihr werdet fähig zu wirklicher Verbindung, wirklicher Gemeinschaft mit Avalokiteshvara. Ihr erlangt die Fähigkeit, den Weg der Erleuchtung zu gehen.

Diesen Text sollte man aber nicht nur rezitieren

oder auf einen Altar stellen und verehren. Er ist uns vielmehr als praktisches Werkzeug an die Hand gegeben, um für unsere Befreiung und die aller Wesen zu wirken, so wie wir Werkzeuge für die Landwirtschaft haben, damit wir den Boden bearbeiten können.

Das ist das Geschenk Avalokiteshvaras an uns. Es gibt drei Arten von Geschenken: Da ist zunächst das Geschenk der materiellen Mittel, dann das des praktischen Wissens, das Geschenk des Dharma. Das dritte, wertvollste Geschenk ist das Geschenk der Nicht-Angst. Bodhisattva Avalokiteshvara kann uns helfen, uns selbst von der Angst zu befreien. Das ist das Herz, die Essenz der *Prajnaparamita*.

Die *Prajnaparamita* gibt uns sicheren Halt, damit wir Frieden mit uns selbst schließen und die Angst vor Geburt und Tod, die Dualität von diesem und jenem transzendieren. Im Lichte der Leerheit ist alles auch alles andere; wir bedingen und durchdringen einander, und jeder Mensch ist verantwortlich für das, was im Leben geschieht.

Wenn ihr Frieden und Glück in euch selbst schafft, so beginnt ihr, Frieden für die ganze Welt zu verwirklichen. Mit dem Lächeln, das in euch erwacht, der bewussten Atmung, die in euch selbst gründet, beginnt ihr für den Frieden in der Welt zu wirken. Ihr lächelt nicht nur für euch allein; vielmehr wird sich durch euer Lächeln die Welt verändern. Die Freude, die ihr beim Meditieren auch nur einen Moment lang empfindet, Heiterkeit und Glück – mit all dem schenkt ihr der Welt einen sicheren Ort des Friedens. Wenn ihr euch selbst nicht Frieden schenken könnt, wie wollt ihr ihn dann mit anderen teilen? Wo wollt ihr damit beginnen, Frieden zu verwirklichen, wenn nicht in euch selbst? Sitzen, lächeln, die Dinge betrachten und sie wirklich sehen – das ist das Fundament, auf dem ein Wirken für den Frieden möglich wird.

Gestern haben wir in unserem Retreat ein Mandarinen-Fest gefeiert. Alle bekamen eine Mandarine gereicht, die wir in unseren Händen hielten und betrachteten. Dabei atmeten wir so bewusst, dass die Mandarine wirklich wurde. Wenn wir in unserem Alltag eine Mandarine essen, sehen wir normalerweise gar nicht genau hin und denken stattdessen an viele andere Dinge. Eine Mandarine zu betrachten bedeutet zu sehen, wie sich die Blüte zur Frucht wandelt, bedeutet den Sonnenschein und den Regen in ihr zu sehen. Die Mandarine in unseren Händen ist die wunderbare Gegenwart des Lebens. Wir sind durchaus in der Lage, die Mandarine wirklich zu sehen, ihre Blütenfülle zu bewundern und die warme, feuchte Erde zu riechen. Weil die Mandarine wirklich wird, werden auch wir wirklich. Das Leben selbst wird in diesem Augenblick wirklich.

Dann begannen wir, unsere Mandarine achtsam zu schälen und ihren Duft zu riechen. Vorsichtig nahmen wir jedes Stück, legten es auf die Zunge und spürten, dass es wirklich eine Mandarine war.

So aßen wir jedes Stück vollkommen achtsam, bis die ganze Frucht aufgegessen war. Es ist sehr bedeutsam, eine Mandarine auf diese Weise zu essen, damit beide, die Frucht und der Mensch, der sie isst, wirklich werden. Auch das ist ein grundlegender Beitrag für den Frieden.

In der buddhistischen Meditation bemühen wir uns nicht um eine Erleuchtung, die vielleicht in fünf oder zehn Jahren geschehen wird. Wir üben auf eine Weise, dass jeder Augenblick unseres Lebens wirkliches Leben wird. Beim Meditieren sitzen wir also, um zu sitzen, nicht zu irgendeinem anderen Zweck. Zwanzig Minuten des Sitzens sollten uns zwanzig Minuten Freude und Leben bedeuten. Üben wir Gehmeditation, so gehen wir, um zu gehen, nicht, um anzukommen. Wenn wir uns jedes Schrittes bewusst sind, so bringt uns jeder Schritt wirkliches Leben. Diese Achtsamkeit können wir stets beibehalten, wenn wir frühstücken oder wenn wir ein Kind in den Armen halten. Sich zu umarmen ist ein westlicher Brauch; wir Menschen des Ostens würden dem gern die Übung des bewussten Atmens hinzufügen: Atmet dreimal ein und aus, während ihr ein Kind in den Armen haltet oder jemanden umarmt – eure Mutter, euren Ehemann oder eine Freundin. Euer Glücksempfinden wird sich verzehnfachen. Wenn ihr einen Menschen anseht, so betrachtet ihn wirklich voller Achtsamkeit und seid euch eures Atems bewusst.

Ich empfehle euch, vor Beginn jeder Mahlzeit

euren Teller zu betrachten und leise zu rezitieren: »Mein Teller ist jetzt leer, aber ich weiß, dass er schon im nächsten Moment mit köstlichem Essen gefüllt wird.« Während ihr darauf wartet, Essen zu erhalten oder es euch selbst zu nehmen, solltet ihr dreimal ein- und ausatmen und noch genauer hinschauen: »Unzählige Menschen auf der ganzen Welt halten in diesem Augenblick ebenfalls ihren Teller in den Händen, doch wird er für sie auf lange Zeit leer bleiben.«

Tagtäglich sterben 40 000 Kinder an Hunger, weil sie nichts zu essen haben. Allein die Kinder! Wir können uns außerordentlich glücklich schätzen, so gutes Essen zu bekommen. Doch leiden auch wir, denn wir sind imstande, diesen Zusammenhang zu erkennen. Aber wenn wir die Dinge auf diese Weise sehen, so hilft uns das auch bei unserer Heilung, denn wir erkennen den Weg, der vor uns liegt, deutlich: Wir müssen so leben, dass wir Frieden schließen können mit uns und der Welt.

Da wir das Gute und das Böse gleichzeitig sehen, das Wunderbare und das große Leid, müssen wir so leben, dass wir Frieden zwischen uns und der Welt schließen können. Verstehen ist die Frucht der Meditation. Verstehen ist die Grundlage von allem. Jeder Atemzug, den wir tun, jeder Schritt, den wir gehen, jedes Lächeln, das wir lächeln, ist ein positiver Beitrag zum Frieden, trägt zum Frieden in der Welt bei. Im Licht des wechselseitigen Durchdringens, des Interseins, bedeuten Frieden und Glück in unserem eigenen täglichen Leben auch Frieden und Glück in der Welt.

Ich möchte mich bedanken für eure Aufmerksamkeit, bedanken dafür, dass ihr Avalokiteshvara zugehört habt.

Weil ihr hier seid, ist das Herz-Sutra ganz einfach geworden.

Kontaktadressen

Spirituelles Zentrum Thich Nhat Hanhs

Plum Village
New Hamlet
13 Martineau
F-33580 Dieulivol
Tel. 0033 5 56 61 66 88
Fax 0033 5 56 61 61 51
www.plumvillage.org

Kontaktadressen in Deutschland

Europäisches Institut für angewandten Buddhismus
(EIAB)
Schaumburgweg 3
51545 Waldbröl
Tel.: 02291 90 71 373
www.eiab-maincampus.org

Gemeinschaft für achtsames Leben, Bayern e.V.
Dr. Thomas Barth
Abt-Häfele-Straße 21
85560 Ebersberg
Tel.: 08092 85 19 940
Fax: 08092 85 19 941
www.gal-bayern.de

InterSein Zentrum für Leben in Achtsamkeit
Haus Maitreya
Unterkashof 50
94545 Hohenau
Tel.: 08558 92 02 52
Fax: 08558 92 04 34
www.intersein-zentrum.de

Quelle des Mitgefühls
Heidenheimer Str. 27
13467 Berlin
Tel.: 030 40 58 65 40
www.quelle-des-mitgefuehls.de

BARUCH
DIE DE SPINOZA
ETHIK